老拳譜新編31

湯氏拳術

湯吉人 著

大展出版社有限公司

策劃人語

本叢書重新編排的目的，旨在供各界武術愛好者鑒賞、研習和參考，以達弘揚國術，保存國粹，俾後學者不失真傳而已。

原書大多為中華民國時期的刊本，作者皆為各武術學派的嫡系傳人。他們遵從前人苦心孤詣遺留之術，恐久而湮沒，故集數十年習武之心得，公之於世。叢書內容豐富，樹義精當，文字淺顯，解釋詳明，並且附有動作圖片，實乃學習者空前之佳本。

原書有一些塗抹之處，並不完全正確，恐為收藏者之筆墨。因為著墨甚深，不易恢復原狀，並且尚有部分參考價值，故暫存其舊。另有個別字，疑為錯誤，因存其真，未敢遽改。我們只對有些顯著的錯誤之處做了一些修改的工作；對缺少目錄和編排不當的部分原版本，我們根據內容進行了加工、調整，使其更具合理性和可讀性。

有個別原始版本，由於出版時間較早，保存時間長，存在殘頁和短頁的現象，雖經多方努力，仍沒有辦法補全，所幸者，就全書的整體而言，其收藏、參考、學習價值並沒有受到太大的影響。

希望有收藏完整者鼎力補全，以裨益當世和後學，使我中華優秀傳統文化傳承不息。

為了更加方便廣大武術愛好者對老拳譜叢書的研究和閱讀，我們對叢書做了一些改進，並根據現代人的閱讀習慣，嘗試著做了斷句，以便於對照閱讀。

由於我們水平有限，失誤和疏漏之處在所難免，敬請讀者予以諒解。

湯氏拳術四種總目

大洪拳目錄

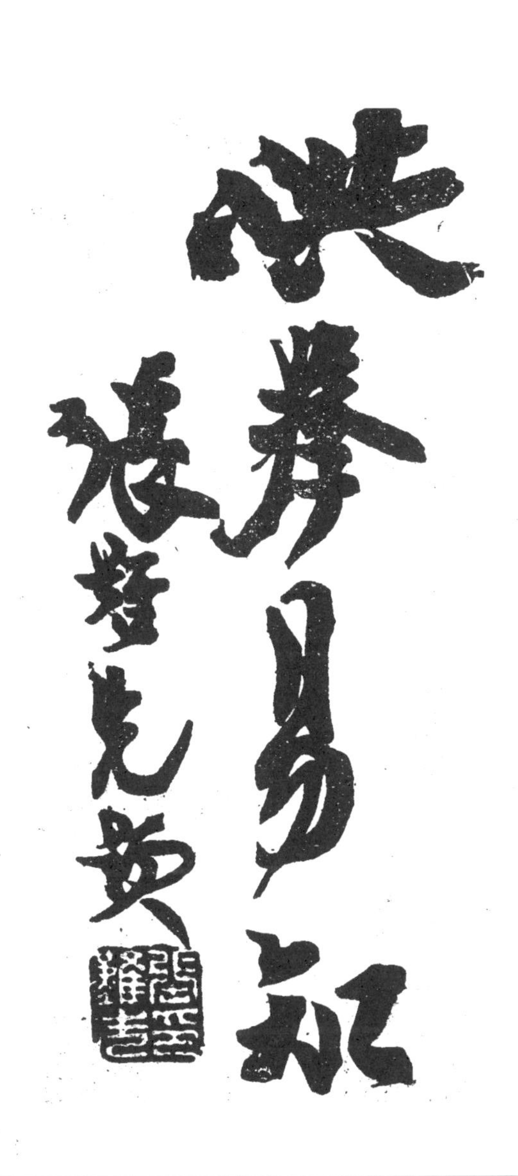
洪拳易知

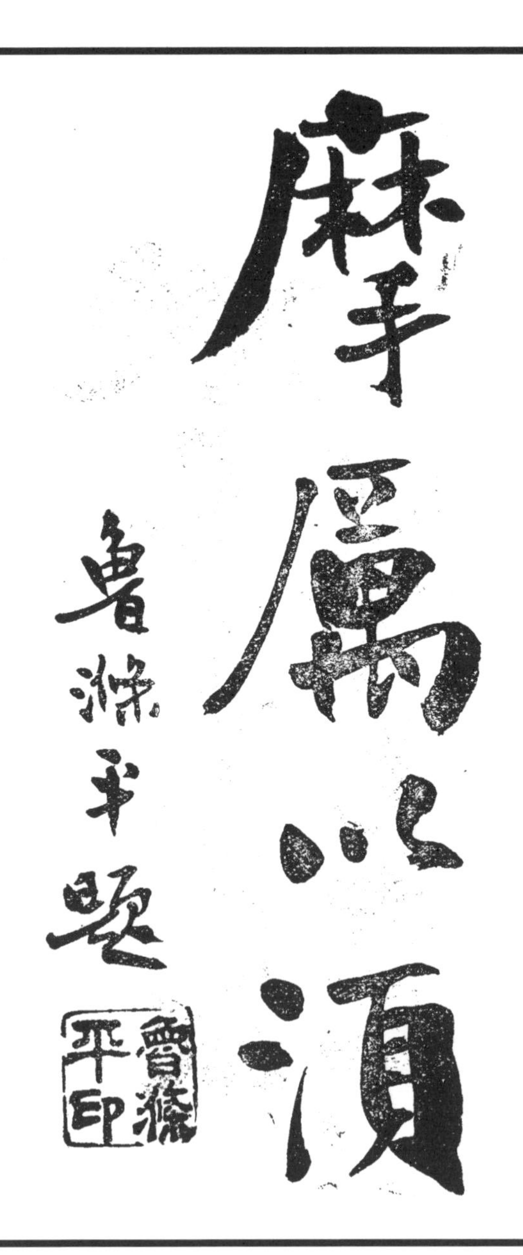
摩厲以須
魯滌平題
魯滌平印

家學淵源

陳布雷

虎爪拳點穴圖

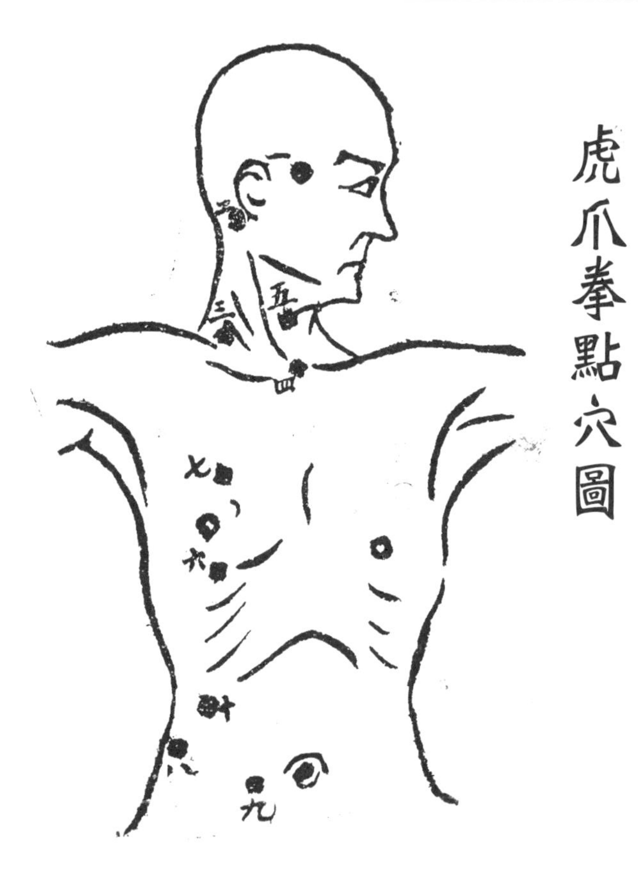

一、太陽穴
二、共堂穴
三、井池穴
四、痰寧穴
五、氣管穴
六、捉命穴
七、肺苗穴
八、鎖腰穴
九、肚筋穴
十、吊筋穴

序

吉人幼承父訓，研習家傳拳藝，年來跡遍西南，迭受各機關團體之聘，傳授國術。

唯因歷代拳藝，派別分歧，適從匪易；吉人不敏，奚敢矜奇炫異，日唯探討家父舊編《達摩派拳訣》、《武藝精華》，及《拳劍速成法》三書中之扼要，指演授人，教者頗得效速功倍之驗，而學者更無言易行難之憾。

今秋自贛旋杭，稍獲餘晷，即以家父舊作中屢經試授經驗之精要，參以歷年之心得，編成《大洪拳》一冊，內分一字步、十字手、十字腿、大洪拳等類，並附以簡明插圖及四方位置，求教於諸前輩，藉免乖誤用付剞劂，以備團體教材之用，兼供有志自習者，作一借鏡焉。

中華民國二十二年十一月 湯吉人 謹識

湯吉人近影

虎牙掌

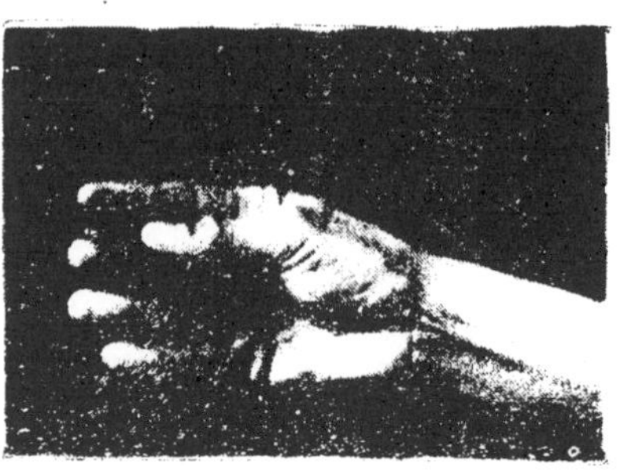

此掌專插骨縫

橘拳

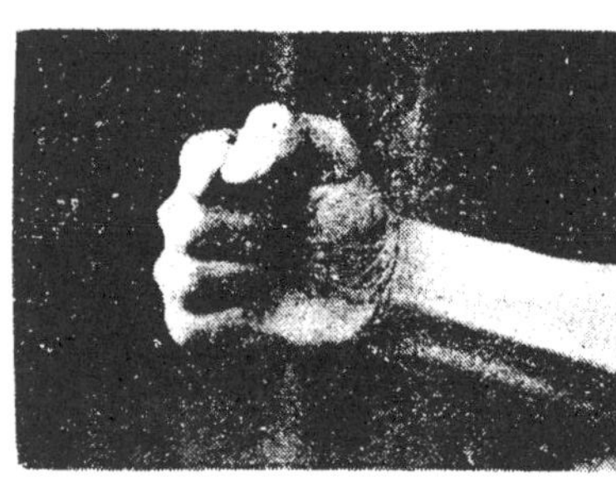

此拳係普通所用

苗葉手

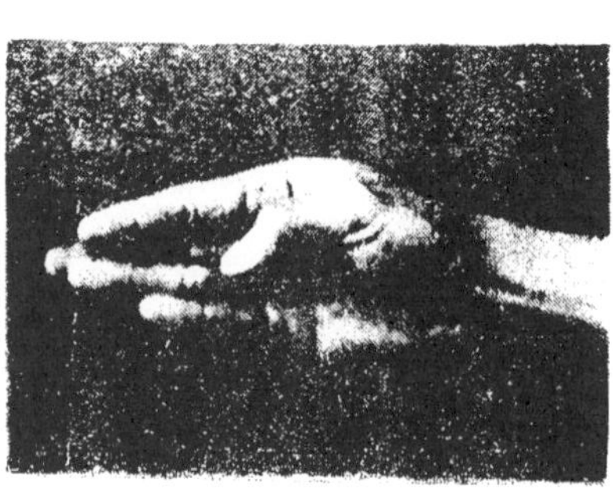

此手被握於敵人時，容易滑出

十字圖說明

凡一字步十字手等教練時，最好將此圖畫於場內，然後一人依書朗讀，一人依讀動作，倘無隻字遺落，與教師親授無異矣！

注意——教練時之於任何方向，以正面為南，背面為北作標準。書中所指圖樣，向西南的是前面，向東北的是背面。

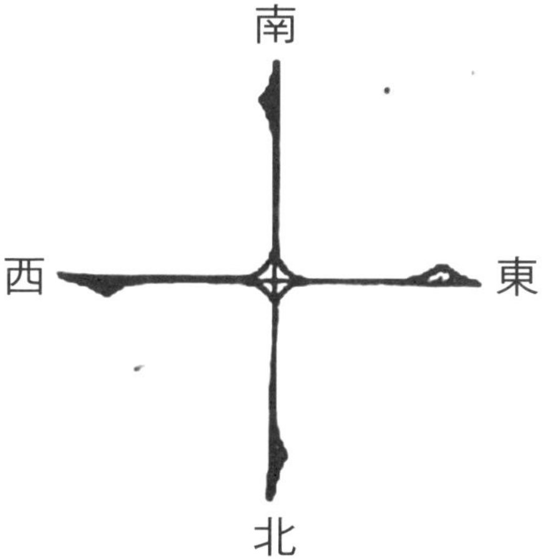

洪拳入門

學拳術者，非特動作宜敏捷，尤貴姿勢之正確，故初學者之於手法步法，均宜特別注意，以立基礎，然後而練習各技，自可運於精深之域。

一字步、十字手、十字腿三者，為洪拳之根本功夫，捨此，即不得其門而入。故先述此三者之打法、用法，為初學者闢其入門之路。唯關於動作姿勢之方向，皆以朝南為標準，學者須注意之。

一字步

向南立正，雙足併攏，怒目挺胸，股向後掬，雙手握拳靠腰，脈門向上，左足踏出約離右足二尺，雙膝屈，兩腿平形，即「平馬」。

將身轉東，左足仍屈膝，右腿斜伸，足尖向東旋轉成丁字形，即「左箭馬」。

左足收攏足跟提起，雙膝屈，同一方向，即「左吊馬」。

左足踏出原步，仍作左箭馬，將身從右轉西，右足屈膝，左腿斜伸，足尖向西旋轉成丁字形，即「右箭馬」。

右足收攏足跟提起，雙膝屈，同一方向，即「右吊馬」。

右足踏出原步，左足收攏向南立正，雙手放下踏步二十秒，雙手握拳仍靠腰，右足向南踏出一步，足尖向東，將腿斜伸，左足屈膝，兩膝相依，即「右夾馬」。

右足收攏，左足向南踏出一步，足尖向西，將腿斜伸，右足屈膝，兩膝相依，即「左夾馬」。

左足收攏屈膝，同時右足向西著地伸直，足底踏地，即「右插地龍」。

右足收攏屈膝，左足向東著地伸直，足底踏地，即「左插地龍」。

左足收攏，立正雙手放下，踏步二十秒，收勢。

甲、一字步教學法

（一）平馬

向南立正，雙拳靠腰，左足向東踏出，屈膝。

（二）左箭馬

將身轉東，右腿斜伸。

（三）左吊馬

左足收攏，足跟提起，屈膝。

（四）右箭馬

左右踏出原步，將身轉西，左腿斜伸。

（五）右吊馬

右足收攏，足跟提起，屈膝。

（六）右夾馬

右足踏出，左足收攏向南，右足伸南，兩膝相依。

（七）左夾馬

右足收攏，左足伸南，兩膝相依。

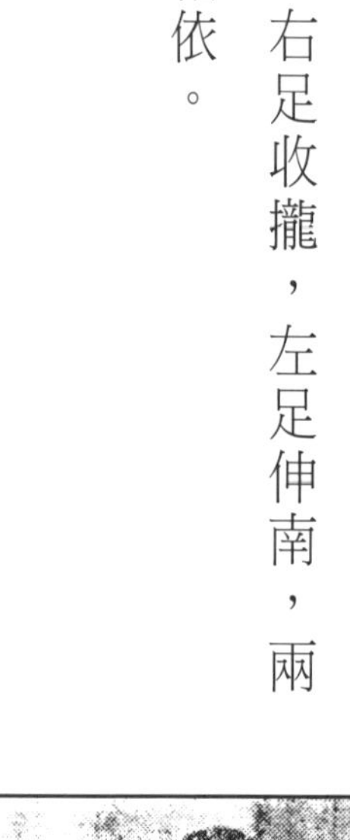

（八）插地龍

左足收攏，右足著地伸西，收攏，左足著地伸東，收攏，踏步二十秒。

乙、一字步摘要

(一)平馬

如左敵相近,對待方法:

雙拳靠腰,將左足提起,用腳底向下蹬入其腳背,或腳尖。

(二)左箭馬

如敵以雙手推入胸部,對待方法:

雙手靠腰,右足向右踏出,依勢用右肩連臂向左立轉,使敵手從左滑出。右箭馬其法相同，方向相反。

（三）左吊馬

前敵拳手從上亂打，對待方法：

雙手依腰，先將右足退後一步，雙膝屈，於是將身縮攏，能避自身。右吊馬其法同上，方向相反。

（四）右夾馬

若前敵用腳尖踢陰時，對待方法：

雙手仍依腰，先將左足退後一步屈膝，左腿斜伸，兩膝相依，以遮蔽陰，得免受傷。倘敵腳踢膝，避法相同。左夾馬其法相同，雙腳相反。

（五）右插地龍

前敵拼命趕來將要近身，對待方法：

左足屈膝，同時右足著地伸直，使敵觸而一蹶。

十字手說明

向南立正，雙手用苗葉手靠腰，脈門向上，怒目挺胸，股向後揳，右手向西打出，依勢收攏靠腰，即「小將點兵」。

左足向南踏出，作左箭馬。左手雙右向左掠出，收攏靠腰；右手向南打出平伸，即「鐵掌劈城」。右足向南踏出作左箭馬，右手向右掠出，收攏靠腰，左手向南打出平伸，即「鐵掌劈城」。

將身從左向北作左箭馬，左手從右手向左掠出收攏靠腰，右手向北打出，即「鐵掌劈城」。

左手向北打出，即「鐵掌劈城」。右足向北踏出作右箭馬，右手從左向右掠出收攏靠腰，

腰，即「鷹爪鉤敵」。左足向西踏出作平馬，將左手用摘手向西鉤出平伸收

左手循臂打出，即「磨掌穿心」。收攏靠腰，作左箭馬，右手向西打出，右足收攏並立，

馬，將右手用摘手向東鉤出平伸，即「鷹爪鉤敵」。左足向西又踏出作左箭馬，右手向西打出，身向北作平

並立，右手循臂打出即「磨掌穿心」。收攏靠腰將身轉東作右箭馬，左手向東打出，左足收攏

右足向東踏出作右箭馬，左手向東打出，右足向南退出作平馬，雙手收至胸前，同時向南北打出平伸，即「童子分隊」。

將身轉南，作右箭馬，雙手小臂交叉，用摘手同時向東西鉤開並伸，即「鷹爪捉食」。

作右吊馬，雙手向上望東西分開，收攏，右手握拳抵住左手掌心，向南送出，屈肘，即「小將敬帥」。

右足收攏立正，雙手放下，收勢。

甲、十字手教學法

（一）小將點兵

向南立正，雙手靠腰，右手向西打出。

（二）鐵掌劈城

左足向南踏出，左手從右掠左，右手向南打出。

（三）鐵掌劈城

右足向南踏出，右手從左掠右，左手向南打出。

（四）鐵掌劈城

將身轉北，依勢左手向北掠去，右手循臂打北。

（五）鐵掌劈城

右足踏北，右手從左掠右，左手向北打出。

（六）鷹爪鉤敵

左足向西踏出，左手鉤西，右手向西打出。

（七）磨掌穿心

右足收攏，左手打西，左足向西踏出，右手打西。

（八）鷹爪鉤敵

將身轉東，右手向東鉤去，左手打東。

（九）磨掌穿心

左足收攏，右手打東，右足向東踏出，左手亦打東。

（十）童子分隊

右足向南踏，作平馬，雙手向南北分開。

（十一）鷹爪捉食

將身轉南，雙手左右鉤開，右拳抵住左掌，右足收攏立正，雙手放下。

乙、十字手摘要

（一）鐵掌劈城

如敵人右手對胸打來，對待方法：先用左足伸出，鉤住其右足後跟；同時左手向左掠去其手，右掌打入其心。

（二）磨掌穿心

若前敵立定，進取方法：左足伸前，先用右手假打其心，倘敵將手接住，即用左手四指，依臂篤入其心。

（三）童子分隊

倘兩敵同來將近身時，對待方法：先將右足伸前，同時雙手併攏伸進兩敵弄內，急向前走，可免無事。

（四）鷹爪捉鳥

若左右兩敵將近身時，對待方法：先將右足踏開，依勢雙手伸出，握住兩敵陰子，喊一聲，餘字音。

十字腿

向南立正，雙手用苗葉手靠腰，怒目前視。雙手向東西分開平伸，即「一字手」。

左足向南踏出作左箭馬，雙手小臂交叉，左手外，右手內，右足從下向南踢出，即「踢腿」。

右足放下，雙手向上分開收攏靠腰，左足向南飛起，即「穿腿」。

左足放下作左箭馬，雙手向南打出，將身從右轉向北，雙手小臂交叉，左手外，右手內，左右從下向北踢出，即

「踢腿」。

左足放下，雙手向上分開收攏靠腰，右足向北飛起，即「穿腿」。

右足放下，雙手向北打出，雙臂交叉，右手外，左手內，左足向西踏出，右足著地掃轉西方，用足面向上飛起，放下。左足著地掃轉西方，用足面向上飛起，即「掃堂腿」。

左足放下作左箭馬，雙手向西打出，將身從右轉向東作右箭馬，同時右手向東掠出靠腰，左手向東打出，即「鐵掌劈城」。

作右吊馬，右手從上掠下，兩臂交叉，右手外，左手內，用右足面向東飛起，放下左足向東飛起，即「連還腿」。

左足放下作左箭馬，雙手向東打出，左足向北退出，將身向南作右箭馬，同時右手向南掠出，左手向南打出，即「鐵掌劈城」。

作右吊馬，雙手向上望東西分開，收攏右手握拳抵住左手掌心，向南送出屈肘，即「小將敬帥」，右足向東踏出，左足收攏立正，雙手放下（完）。

甲、十字腿教學法

（一）踢腿

向南立正，兩手分開，左足伸南，兩臂交叉，右足向南踢出。

（二）穿腿

雙手分開依腰，左足飛南，放下，雙掌打南。

（三）踢腿

將身轉北，兩臂交叉，左足向北踢出。

（四）穿腿

雙手分開依腰，右足飛北，放下，雙手打北。

（五）掃堂腿

⑴雙臂交叉，左足伸西，右足著地掃轉西方飛起。

⑵右足放下，左足掃轉西方飛起，放下，雙手打西。

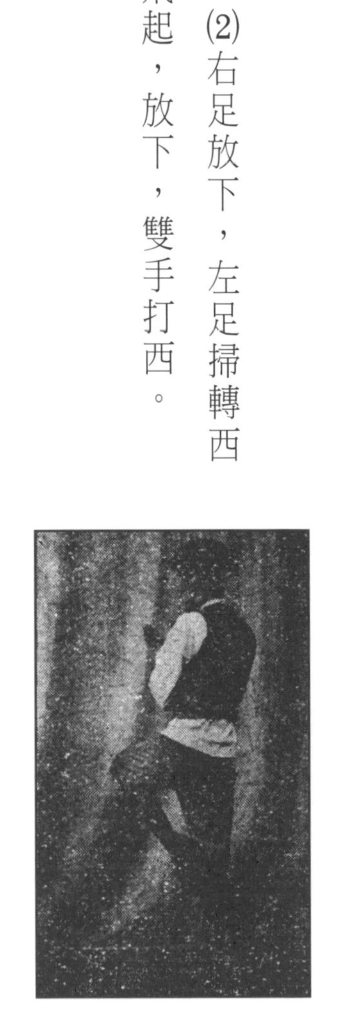

（六）連環腿

⑴將身轉東，左手打東，右手掠下，右足向東飛起。

(2)右足放下，左足向東飛起，放下，雙手向東打出。

（七）小將敬帥

左足伸北，右手掠南，左手打南，右拳抵住左掌，右足收攏，立正，雙手放下。

乙、十字腿摘要

（一）踢腿

如敵人立定，進取方法：先將左足伸前，同時雙手伸出揪住其兩臂，即用右足尖踢入其膝，或陰。

（二）穿腿

若前敵離遠，進取方法：先將右足向前跳出一步，同時雙手向依敵面上分開，使其混亂，當用左足底飛起打入其胸。

（三）掃堂腿

譬如前敵左足向前，左手打來將進身時，對待方法：先用右手向左推去其手，同時右足著地向左鉤去其足，即提起打入其腰，或臀部。

（四）連環腿

敵人將要進身時，對待方法：

不管他拳腳打來，先將雙臂交叉依胸，同時右足飛起打入其腹；倘敵退去，用左足飛起，又打入其腹部，或陰子。

大小洪拳

洪拳係活法之一種，有大洪拳小洪拳之別，時時練習，舉動靈敏，應變無窮。昔宋太祖專習此法，名傳至今，為醉心國技者必學之法。

大洪拳

向南立正，雙手靠腰，脈門向上，怒目挺胸，股向後掬，雙手從右而上向左落下望西打出，即「十指點兵」。

左手依腰，右手伸東屈肘，兩掌相對，即「宋將接印」。

雙手向上分開，收攏小臂交叉，左足向東踏出作平馬，雙手放下，即「武松上拷」。

將身轉東作左箭馬，左手向東掠出依腰，右手向東打出，即「鐵掌劈城」。

右足著地掃轉東方，同時雙手向右掠出，右足退轉原步，左手依腰，右手向東插下，即「掃堂托肚」。

右足著地掃東方作右夾馬，雙手向右掠出，將身從左轉西作左吊馬，雙手從左而上向右落下伸西，即「繞手躲步」。

右足向西跳出一步，左足趕先向西跳出著地伸直，作「插地龍」，左手伸西握住作左箭馬，右手依臂插出，即「鉤陰切肚」。

將身從右轉東作右箭馬，左手握住右拳，右手用肘向東送出，即「登肘」。

將身轉西，左足收攏作左吊馬，用左摘手從右向西打出屈肘，即「鷹爪捉食」。

左足向西踏出作左箭馬，右拳向西打出，即「衝鋒」。

右足著地掃轉西方作右夾馬，雙手向右掠出，將身從左轉東，左足收攏作左吊馬，依勢雙手從左而上向右落下伸東，即「繞手躲步」。

右足向東踏出作右箭馬，右手從下而上向東掠出，用左摘手伸後，指尖朝上，即「金雞停翼」。

作右吊馬，右手掠下，左手依腰，左足向東踏出作左箭馬，左手向上望東掠出，用右摘手伸後，指尖朝上，即「金雞停翼」。

右手握拳向東打出，左手放住右臂，右足向南踏出作右夾馬，雙手向右掠出，將身轉北作左吊馬，同時雙手從左而上向右落下，右手提起，左摘手自下伸北，即「鳳凰散翼」。

雙臂交叉，右手外，右足向北飛起，放下左足向北飛起，即「連環腿」。

左右放下作左箭馬，左手向北掠出收攏依腰，右手向北打出，即「鐵掌劈城」。

右足著地掃轉北方，雙手向右掠出，將身轉南作左吊馬，依勢雙手從左而上向右落下，右手提起，左摘手自下伸南，即「鳳凰散翼」。

右足向南跳出一步，左足向南趕先跳出，右足跪地，雙拳向前合打，作左箭馬。雙手向上往南推出，手心朝外，指尖相對，即「推窗望月」。

將身轉北作右箭馬，左手依腰，右拳背向北掠出，肘依腰，右足向東踏出作平馬，左摘手依胸鉤下，即「挖心摘」。

將身向西作左箭馬，右拳向北打出，將身向東作右箭馬，右拳向東掠出，左足向北踏出作左箭馬，左拳向北掠出，右拳向北打出，即「連環衝拳」。

將身從右轉南，雙手伸南，八指自下向內而上望南打出，左足向南踏出作左箭馬，雙手略收仍向南打出，即「連環套索」。

作左吊馬，用雙摘手向東西鉤開平伸，指尖朝下，左足向南踏出，兩臂交叉，指尖朝上，右手外，右足著地掃轉南方飛起，放下左足著地掃轉南方飛起，即「掃堂腿」。

左足放下，雙手從左撳地，左足著地伸直，向南掃轉北方，即「烏風掃地」。

作右箭馬，雙臂交叉向北舉起，右足膝提起，雙手向左右放下屈肘，即「武松脫拷」。

右足放地，左手足向北踏出作左箭馬，雙手用食指，自下而上向北舉起額前，即「獨立金槍」。

作左吊馬，用雙摘手向東西鉤開平伸，指尖朝下，右手依腰，右足向北飛起，同時左手將右足面一搭，放下將身轉南，用左足面向南飛起，即「跳馬避刀腿」。

左足放下作左箭馬，左手依腰，右手用掌心自下向南托出，即「單撲心」。

左足退後一步，作右吊馬，雙手向上往東西分開，收攏右手握拳抵住左手手心，連拳向南送出屈肘，即「將軍敬帥」。

雙手自下左右分開，手心朝分，右足向西踏出，左足收攏，立正，雙手放下，完。

甲、大洪拳教學法

鄙人為學教兩便起見，特將各種拳術，編為整齊步驟，備教師採作口令之用。

洪拳是其一，編之成二十五節，並繪東西南北十字式，及各種正確姿勢，而加以說明，教師按步發令，學者循令做去，事半功倍，非虛語也。

大洪拳手歌訣

太祖洪拳打天下，雙手接印無人拿。

繞手藏身顯龍爪，反身停翼敵難逃。

連環飛腿向北進，鳳凰散翼打四門。

雙手連環掃堂腿，烏風掃地山神呆。

一對金槍點咽喉，避刀飛腿打強手。

大洪拳教學法

（一）十指點兵

向南立正，雙手伸西，兩目視西。

（二）宋將接印

左手依腰，右手伸東，兩掌相對。

（三）武松上拷

左足向東踏出，雙手向上分開交叉，放下。

（四）鐵掌劈城

將身轉東作左箭馬，左手掠東，右掌向東打出。

（五）掃堂托肚

右足伸東，雙手掠右，右足退轉原步，右手打東。

（六）繞手躲步

⑴右足掃轉東方，作右夾馬，雙手掠右。

⑵將身轉西，作左吊馬，雙手從左而上右下伸西。

（七）鉤陰切肚

右足向西跳出，左足伸西，左手伸出，右掌插出。

（八）登肘

將身轉東，左手握住右拳，用右肘向東送出。

（九）鷹爪抓食

將身轉西作左吊馬，用左摘手從右向西鉤出。

（十）鐵掌劈城

左足向西踏出，左手掠西，右掌亦打西。

（十一）繞手躲步

(1)右足掃轉西方，作右夾馬，雙手向右掠去。

(2)將身轉東，作左吊馬，雙手從左而上，向右落下，伸東。

(十二) 金雞停翼

(1)右足向東踏出，左手鉤西，右手向上打東，掠下。

⑵左足踏東，左手向上打東，右拳打東，平伸。

（十三）鳳凰散翼

右足掃南，雙手掠右，將身轉北，雙手從左而上，向右落下，右手提起。

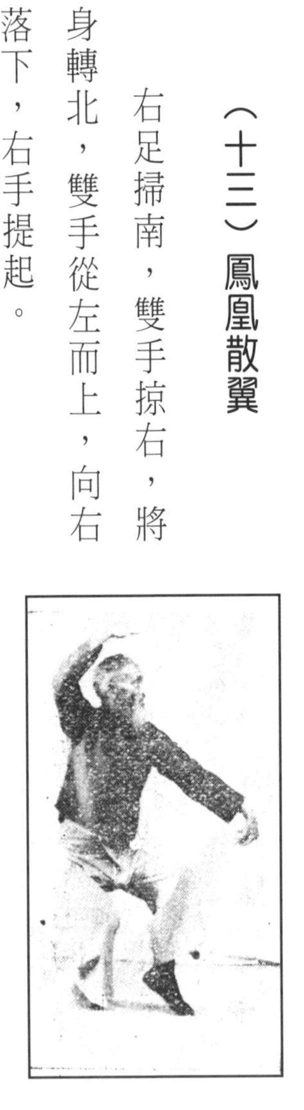

（十四）連環腿

雙臂交叉，右足飛北，放下，左足亦向北飛起，放下。

（十五）鐵掌劈城

作左箭馬，左手向北掠出，右掌亦打北，平伸。

（十六）鳳凰散翼

右足掃北，雙手掠右，將身轉北，雙手從左而上，向左右落下，右手提起。

（十七）推窗望月

右足向南跳出，左足趕先跳南，雙手從下而上，伸南。

（十八）連環衝

⑴右拳掠北，右足踏東，左手鉤前，右拳向北打出。

⑵右拳掠東，左足向北踏出，左拳掠北，右拳打北，平伸。

（十九）連環套索

⑴將身轉南，雙手指尖，自下向內轉上，望南打出。

⑵左足向南踏出，雙手略收，仍打南，向東西鉤開。

（二十）掃堂腿

雙臂交叉，右足掃南飛起，放下，左足亦掃南飛起，放下。

（二十一）烏風掃地

雙手撳地，右足著地伸直，向南掃轉北方。

（二十二）武松脫拷

作右箭馬，雙拳交叉，向北舉起，右膝提起，雙拳掠下。

（二十三）獨立金槍

右足放下，左足向北踏出，雙手食指向北舉起。

（二十四）跳馬避腿

⑴雙手鉤開，右足向北飛起，右掌將腳面一拍，放下。

⑵將身從左轉南，左足飛南，放下作左箭馬，右掌從下打南。

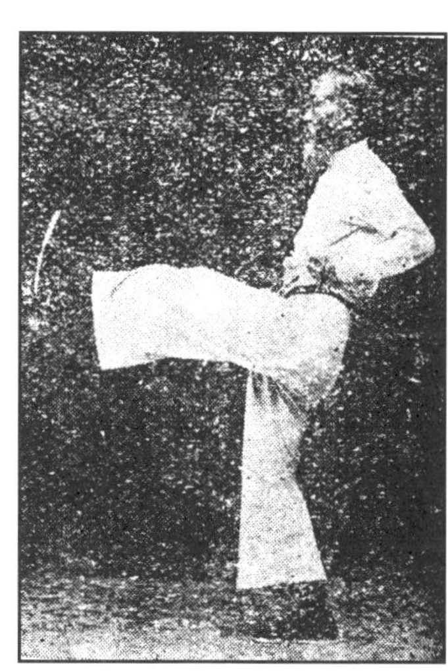

（二十五）將軍敬帥

左足後退，作右吊馬，右拳抵住左掌，分開，右足收攏，立正。

乙、大洪拳摘要

（一）宋將接印

如前敵將近身時，對待方法：用右手四指，插入其左邊牙環筋，是項部所在處。

（二）武松上拷

倘前敵用腳踢陰，對待時：先將左足向左踏出屈膝，同時雙臂交叉放下，撳落其腳。

（三）掃堂托肚

若敵人到身，對待方法：不管他拳手，即將右足伸出鉤住其腳，同時雙手從左向右劈入其腰部，使敵跌一跤。

（四）鉤陰切肚

敵人遠離，進取方法：先將右足跳出，同時左足向前伸入其足弄，左手握住其陰，右手四指點插入其肚。

（五）登肘

後敵將近身時，對待方法：先將左足伸前，將身轉後，同時用右肘頓入其心。

（六）鷹爪捉食

如左敵到身，對待時：先將左手五指撮攏，同時從右向左篤入其眼。

（七）金雞停翼

若前敵兩手推來，對待時：先用右足伸出鉤住其腳跟，同時右手從上掠落其臂，即手虎口，向上托住其下頷送出，使其向後一跌。

（八）連環套索

前敵兩手推來，對待之又一法：先將雙掌朝外，指尖相對，依勢伸出握住其兩手四指，於是向左右扭轉，折脫其手腕。

（九）武松脫拷

倘前敵勿動，進取方法：先左足伸前，同時雙手伸出揿住其兩臂，當用右足膝提起撞入其小肚。

（十）跳馬避腿

若前敵手握小刀，對待方法：當用右足尖飛起，踢入其手腕，依勢將身從左旋轉，左足飛起踢其腹部。

（十一）將軍敬帥

如敵人將前胸衣服握住，對待時：先將右足伸前，同時右拳抵住左掌，用左手四指連拳插入其心部。

小洪拳

向南立正，雙手依腰，向東西分開平伸，指尖朝前，即「武松開門」。

左足向南踏出作平馬，雙手小臂交叉，左手向南鉤出收攏依腰，作左箭馬，右掌向南打出，即「單撲心」。

左手依右臂向南削出，右手依腰，作左吊馬，左手從左自下著地向右抄起胸前，即「托樑換柱」。

右足向南踏出作右夾馬，右手從上掠下，兩臂交叉，右足向南飛起，即「裏陰腿」。

右足放下作右夾馬，雙掌從左向右掠出，右足伸出西方，左足向西踏出作左箭馬，同時雙手從上向西掠下，即向西打出平伸，指尖朝上，即「雙撲心」。

雙手向左右削下，右足向西踏出作右箭馬，左手依腰，同時右手握拳，從下而上打至額前即「和尚托鉢」。

左足收攏雙膝屈，左拳依右腋下打出，即「腰拳」。

先將左足伸東，右足向東踏出作右夾馬，依勢右手背靠腰，用肘向東壓落，左掌將右肘一搭，即「鱉肘」。

左足向東踏出作左箭馬，同時雙掌從上向東掠下，兩掌作一個交叉，當向東托起，即「猿猴獻果」。

用雙摘手向南北鉤開，右手雙拳仍向東與左掌合打，即「烏風進洞」。

右足從左向北踏出作右箭馬，依勢雙臂交叉，右手內，用雙拳向北叉起，即「犀牛獻角」。

雙臂收攏依胸，右足向北飛起，即「伏虎彈爪」。

右足放地作右箭馬，雙手從左向右掠出，將身從左轉南作左箭馬，同時右手從上向南劈出，左手依腰，即「斬妖手」。

作左吊馬，左掌依右臂上向南削出，右手依腰，即「抽刀勢」。

左手依腰，右足向南飛起，左手將右足面一搭，放下將身從左轉北，左足向北飛起，放下時，將身從左向南，同時右足又向南飛起，左手將右足面一拍，放地左足再向北飛起，即「飛腳盤腿」。

左足放下作左箭馬，用左摘手向北鉤出，右拳向北打出，即「衝拳」。

將身從右向南作右箭馬，左手握住右拳，用右肘向南送出，即「登肘」。

將右拳從上向南甩出，脈門朝上，即「甩拳」。

右手依腰，左手向南打出，作右吊馬，雙手向上望東西分開，收攏胸前，右拳抵住左掌，向南送出屈肘，即「將軍敬帥」，雙手自下分開，手心朝外，右足向西踏出，左足收攏立正，雙手放下。完。

甲、小洪拳教學法

（一）武松開門

向南立正，雙手東西分開平伸。

（二）單撲心

左足向南踏出，左手向南鉤去，右掌打南。

（三）托樑換柱

作左吊馬，左手依臂削出，從下著地抄起胸前。

（四）裏陰腿

右足伸南，右手掠下兩臂交叉，右足向南踢出，放下。

（五）雙撲心

雙手掠右，左足向西踏出，雙手掠右向西打出。

（六）和尚托鉢

雙手削下，左足向西踏出，右拳從下而上，左拳打西。

（七）蹩肘

右足向東踏出，作右夾馬，右肘打東，左掌搭肘。

（八）猿猴獻果

左足向東踏出，雙手掠右，雙手作叉，向東托起。

（九）烏風進洞

雙手南北鉤開，右手食指、拇指，作圈與左掌向上合打。

（十）犀牛獻角

右足向北踏出，雙拳交叉，向北舉起。

（十一）斬妖手

右足飛北，放下，雙掌掠右，將身轉南，右掌從上劈南。

（十二）飛腳盤腿

⑴作左吊馬，左手削出，右足飛南，右掌搭腳，放下。

⑵左足飛北，將身從左轉南，右足飛南，左掌搭腳，放下。

(3)左足飛北，放下，手左向北鉤去，右拳打北。

（十三）登肘

將身轉南，右肘送出，將拳轉上豁南，左拳依臂打出。

（十四）將軍敬帥

雙手分開，右拳抵住左掌，右足收攏，立正，雙手放下。完。

乙、小洪拳摘要

（一）單撲心

倘敵人右手對胸打來，對待時：先用左足伸出鉤住其右足後跟，同時左手用摘手向左鉤去其手，右手掌心推入其胸部，使其向後倒地。

（二）托樑換柱

若敵已經至身，對待時：當將雙足屈膝，依勢左手自下向右抄起其足跟。

（三）和尚托鉢

敵人已經至身，對待之又一法：即用右拳從下而上打其下額。

（四）撆肘

敵人依身，對待之再一法：當將右手背靠腰，用右肘撞入其胸部，或頓其心。

（五）猿猴獻果

如前敵立定，進取方法：先用左足伸出鉤住其足跟，同時兩掌作一個交叉。向上托起敵額送出。

（六）烏風進洞

前敵是來非來，進取方法：雙足先進一步，右拳舉起，使其顧拳，即用左掌搭入其耳洞。

（七）犀牛獻角

前敵雙拳打來，對待方法：先將右足伸出，同時雙臂向內壓住其拳，即交叉轉上，叉住其下顎送出。

（八）甩拳

前敵將要近身，對待方法：先將右手提起靠胸，兩目前視敵人頭部，使其顧目，暗將右手背豁出，打其雙目，使其不備。

銅人散骨（俗名寬筋）

嘗見初練國術者，以行之不得其法，往往傷損筋骨，殊屬有礙國術前途。茲特創銅人散骨法，於練習國術後行之，不特可免上述之弊，且足以增進健康，暢舒精神，同志盍嘗試之。

說　明

向南立正，雙手向上舉起，手心朝上，指尖相對，雙目看手，足跟提起仍放下，身向後拗依勢回轉身漸漸向前屈身，雙掌放地，慢慢回起立正，雙手從上向左右分開放下，即「托樑換柱」。

左足向東踏出作左箭馬，右手伸東，左手從左伸西，手腕鉤攏，指尖朝上，雙眼看右足後跟，即「白鶴散翼」。

將身漸漸從右轉西，左手伸西，右手從右伸東，手腕勾攏，指尖朝上，雙眼看左足後跟，即「白鶴散翼」。

將身轉南，雙手指尖朝後，稍向上從兩腋下鑽前放下，左足收攏，立正。完。

銅人散骨摘要

（一）托梁換柱

倘練拳後，心跳氣喘，醫治方法：立正，雙手舉起，足跟提起，放下，身向後拗回轉向前屈身，雙手撳地，回起立正，雙手向上左右分開，放下。同上連做兩次或三次。

【注意】

此法治癒氣喘，能散寬筋骼。學者斷不可缺。

（二）白鶴散翼

又練拳以後，腰部與腳骨，有布帶縛緊者。其醫治方法：左足向東踏出作左箭馬，右手伸東，左摘手伸西，雙目看右足後跟，將身從右轉西，左手伸西，右摘手伸東，雙目看左足後跟，將身向南，雙手從後，向兩腋下鑽前放下，左足收攏，立正。同上連做二次或三次收勢。

【注意】

手法完畢，即可使腰部及腳骨還原，自能身體回復如常也。

虎爪拳（即點穴法）

虎爪拳，即點穴法也，專用虎爪尖手，以刺敵人之要害。此種拳法，驟視之，若無所用，深究之，則功效殊大，為達摩派之一種，實強身防敵之秘符。有志國術者，不可不研究之一。

說明

向南立正，雙手靠腰，左手從右向左略去依腰，右手二指從右打南。右足向前踏出一步，左足收攏，並立。右手從左向右掠去依腰，左手二指從左打南，即「華佗點燈」。

左足向東踏出，將身轉西作右箭馬，右手二指向西穿出，左手二指依臂穿出，即「虎爪挖心」。

將身轉東作左夾馬，左手二指從上向東打出，手心朝下，作左箭馬，右手中指從右打東，右足向東踏出作右箭馬，右手從左向右掠出靠腰，左手中指從左打東，即「童子挖耳」。

左足向北踏出便步，左手二指離開從上打北，手心朝下屈腕，即「二龍搶珠」。

右足收攏並立，右手二指離開自下而上向北篤起，即「金鎖封喉」。

左足又向北踏出作左箭馬，左手四指自下向北插出，即「華佗插劍」。

右足收攏並立，雙掌向北合打，放下，將身轉南，右足向南踏出便步，左手依腰，右手二指離開從上打南，手心朝下屈腕，即「二龍搶珠」。

左足收攏並立，左手二指離開從下而上向南篤起，即「金鎖封喉」。

右足又向南踏出作右箭馬，右手四指自下向南插出，即「華佗插劍」。

左足收攏並立，雙掌向南合打，放下左足向東踏出作左夾馬，左手食指從下而上向東篤起額前，右足收攏並立，右手食指從下而上向東篤起，左足又伸東一步，左食手指仍自下向東舉起，即「華佗敬香」。

將身轉西作右夾馬，右手食指自下而上向西篤起額前，左足收攏並立，左手食指自下而上向西篤起，右足又伸西一步，右手食指仍向西舉起，即「華佗敬香」。

右足向北踏出作平馬，雙手二指同時向南北打出平伸，即「一指點心」。

將身轉北作右箭馬，左手從上向北掠下，右手二指向北穿出，即「羅漢搭衣」。

將身轉南作左箭馬，右手從上向南掠下，左手二指向南穿出，即「羅漢搭衣」。

將身轉北，左足收攏並立，雙膝屈，右手自下向北插出，將身轉南，左足向南踏出一步，右足收攏並立，雙膝屈，左手自下向南插出，即「華佗拔劍」。

左足向東踏出作平馬，右手自下打南，左手依臂打出，即「伏虎撩陰」。

左足伸前，右足向南踏出作右箭馬，雙手向左右分開，收攏合掌，即「童子拜佛」。

右足收攏向南立正，雙手放下。完。

甲、虎爪拳教學法

(一) 華佗點燈

立正，左手掠左，右指打南，雙足向前一步，右手掠右，左指打南。

(二) 虎爪挖心

左足踏東作右箭馬，右指打西，左指依臂打西。

（三）童子挖耳

將身轉東，左指從上打東，右指打東，右足踏東，左指從左打東。

（四）二龍搶珠

左足踏北，左指點北，右足收攏，右指舉起，左足伸出，左指點北。

（五）金鎖封喉

雙掌合打，將身轉南，右指點南，左足收攏，左指從下點上。

（六）華佗插香

右足伸南，右指從下點南，雙掌合打，右足踏西，右指向西舉起。

（七）華佗敬香

左足收攏，左指舉起，右足伸西，右指從下而上點西。

（八）華佗敬香

將身轉東，左指舉東，右足收攏，右指舉起，左足伸前，左指從下篤上。

（九）一指點心

左足踏北，雙手向南北點出，右手向北掠下，左手略收仍點北。

（十）羅漢搭衣

將身轉南，左手從上向南掠下，右指點南。

（十一）華佗拔劍

右足收攏，雙膝屈，左指點北，雙足移南一步，仍屈膝，右指點南。

（十二）童子拜佛

左足踏東，作平馬，左指點南，右指點南，左足收攏，立正，合掌。

乙、虎爪拳摘要

虎爪拳點穴方法頗多，以下僅選擇其緊要者幾種，學習國術者，所不可不知也。

（一）華佗點燈

前敵右手打來，對待時，右手從左向右，掠去其手，左指篤入其太陽穴。

【華佗點燈手歌訣】

兩陽一受傷，瘀血流不暢，頭痛勝刀劈，履虛步難行，七日不為治，性命送無常，欲療此沉痾，宜飲「活血湯」。

當歸一錢四分，川芎一錢，紅薑一錢，炎者一錢，白芷一錢五分，荊芥一錢四分，肉桂一錢五分，升當一錢五分，榴紅一錢，生廿一錢。

「水酒煎，用童便一樣沖服」。

（二）童子挖耳

前敵右手打來，對待時，右手從下而上，向右掠去其手，左手中指點入其共堂穴。

【童子挖耳手歌訣】

挖耳仙童，何其猛凶，震動腦髓，撩起五火，牙關為咬，午夜難過，欲使無恙，活血功多。

大黃二錢，毛竹節灰一錢，金磚一錢，靈仙一錢，川芎一錢五分，當歸二錢，松節灰二錢，陳皮一錢，生甘一錢，千年丁灰一錢。

「以上各藥，用水酒煎服，服後須忌吹風」。

（三）二龍搶珠

右敵同一方向，進取方法：右手提起將指尖插入其肩窩井池穴。

【二龍搶珠手歌訣】

為傷在肩井，傷透不可醫，如彼常呼痛，速進活血宜。

蘇木心二錢五分，松節灰三錢，川芎二錢，木耳灰二錢，當歸二錢，毛竹節灰三錢，升麻二錢。

「宜用水酒煎服」。

（四）金鎖封喉

前敵將近，對待時：雙足先進一步，將口中所有風水吹入其目，依勢左手二指篤其痰寧穴。

【金鎖封喉手歌訣】

左右痰穴，肩井下留，一為點傷，氣喘血瘀。病在理氣，氣順自痊。

蘇葉二錢五分，荊芥一錢五分，羌活一錢五分，桃仁一錢五分，砂仁一錢五分，枳殼一錢五分，良薑二錢，紅花一錢，加引燈芯一紮，「用水配煎服」。

（五）華佗敬香

前敵將近，對待之又一法：先將右足伸前，同時左手食指自下而上，篤入其氣管穴。

【華佗敬香手歌訣】

氣管賴行氣，食管賴輸食，今如傷其一，生命亡在即，
回生憑三葉，九製煅細末，童便沖服下，數時傷歸我。

金磚二錢，蘇木二錢，木耳灰一錢五分，「火醋煅淬九次研末」又加川芎二錢五分。「煎湯童便沖服」。

（六）一指點心

左右兩敵將近身時，對待方法：先將右足伸出，同時雙手食指左右穿出，點其捉命穴。

【一指點心手歌訣】

點心一指，命捉穴中，點來四指，性命之窮，欲思挽回，下藥是宗。

歸尾一錢五分，碎補二錢，陳皮一錢，枳殼一錢五分，白芥子一錢五分，紅花一錢，荊芥一錢五分，乳香二錢，沒藥一錢五分，生甘八分。「宜用水酒煎服」。

（七）羅漢搭衣

左敵右手打來，對待時：右足伸出，右手從上掠落其手，依勢左手二指點入其肺苗穴。

【羅漢搭衣手歌訣】

右為肺苗乳上生，打傷疼痛實難寧；三日發喘身未熱，二七難過命歸陰。

歸尾二錢，獨活一錢五分，紅花一錢五分，陳皮一錢，石斛二錢，杏花一錢五分，白花一錢五分，白芥子一錢五分，蘇葉一錢五分，沒藥一錢，生甘一錢，外加燈芯一紮，「用陳配煎服」。

（八）華佗拔劍

右敵將近身時，對待方法：雙膝屈，同時右手指尖，插入其鎖腰穴。

【華佗拔劍手歌訣】

鎖腰兩穴用此方，若傷發熱命夭亡，待等三日還未死，速將此方連日嘗。

杜蟲三錢，虎骨一錢五分，狗脊一錢五分，川芎八分，歸身二錢，枳殼一錢。先用毛竹節灰二錢，古銅錢五分，胡桃肉一斤，「研末陳酒送服」。

（九）伏虎撩陰

前敵到身，對待時：左足踏出，屈膝，同時雙手八指點插入其肚筋穴。

【伏虎撩陰手歌訣】

肚筋一穴來受傷，華佗也要用此方；傷後不醫眼翻上，六七日內命先亡。

肉桂一錢，烏梅一錢五分，劉寄奴一錢，乳香八分，當歸二錢，陳皮一錢，蘇木二錢，白芥子二錢五分，川芎一錢，生甘二錢。「宜用水酒煎服」。

（十）華佗插劍

前敵離遠進取方法：先右足伸前一步，同時右手二指，篤入其吊筋穴。

【華佗插劍手歌訣】

吊筋一穴乳下生，全身筋縮不能伸，只怕七日最難過，**寬筋活血散為靈**。

靈仙三錢，川斷二錢，虎骨三錢，狗脊三錢，當歸三錢，桃仁一錢五分，蘇木一錢，防風三錢，乾薑八分，外加淡竹葉七片。「宜用水酒煎服」。

脫手法

脫手法是國術中很重要的法子。譬如遇到敵人的時候，把我的手握住，若用此法，即刻解脫，雖敵人氣力強健，亦不能堅持拉住；而且這個法子，很巧妙，即可脫身，又可傷人，一舉兩得，豈不妙乎。

說明

（一）背肘

敵人雙手捧住右小臂，對待時：先將右足邁出一步，左手從上握住自己右拳扳攏，右肘抵住敵人心窩，用力一頓，捧住左手，其法相同，雙手相反。

（二）蹩肘

敵人左手指尖向右，從上握住右手脈門。對待時：左手從上將敵手四指連自己脈門握住扳攏，右肘抵住其左手下節，用力壓落，拗斷手骨；右手握住左手，其法同上，雙手相反。

（三）頓肘

敵人右手指尖朝左，從上握住右手小臂。對待時：左足先進一步，同時用左肘依敵右臂送出，頓入其腋下窩內，左手握住左手，其法同上，雙手相反。

（四）金絲手

敵人右手指尖朝右，從上握住右手脈門。對待時：左手從上將敵手四指連自己脈門握住，用右掌朝上從右抵住其手腕，雙手同時撳下，使其手腕脫出，左手握住左手，其法同上，雙手相反。

（五）鐵絲手

敵人右手從下而上，握住我左手脈門。對待時：左足先進一步，右手從下而上，握住敵手指尖連自己脈門，用左掌從左抵住其手腕撳下，使敵手拇指滑出，左手握住右手其法同上，雙手相反。

（六）銀絲手

敵人右手從下而上，握住右手脈門。對待時，先將右手握拳，左手握住自己右拳，扳攏撳下，亦使敵手拇指滑出，左手握住左手，其法同上，雙手相反。

（七）撮籤手

敵人右手握住左手，四指向上拗轉。對待時：即用右掌從上放在自己小臂，雙手同時一拉，當可脫手。

（八）撮筋手

敵人左手握住胸部衣裳。對待時：先左手握住其脈門，同時右手指尖，撮起其左手臂上臂伸筋，痛不可當；若左手來握衣裳，用左手撮其筋。

活法黃龍拳

拳術有上中下三盤，活法黃龍拳者，乃拳術中之下盤也。凡跌步、地箭、鴛鴦腿、挖金磚、烏風掃地，盡在其中。此法之妙，在能以弱勝強，以少敵眾。學者能操練純熟，自可神奇變化，遇敵不難取勝矣。

龍拳說明

預備：左足先進一步，右足收攏並立，雙拳靠腰，右拳提起，向左打出屈肘。放下靠腰，左拳提起，向右打出屈肘，即「和合拳」。

右足向南踏出，右手從左而上向右掠去，左足向南踏出，左手從右而上向左掠去，右足向南又踏出一步作平馬，右手向南打出平伸，即「老龍潑水」。

將身轉北作左箭馬，右手背依腰用肘向北打出，左掌將右肘一拍，右足向東踏出作右箭馬，右拳背從上向東甩出，左手依臂插出，即「鐵臂打鐘」。

左足著地伸出向東掃轉南方，收攏並立，右拳依頭部舉起即放下靠腰，即「烏風掃地」。

左足向南踏出作平馬，左手拇指食指作一個圈，伸南一套，右掌依圈插出，即「金鐘偷酒」。

將身從右向北同時雙肩交叉，用兩拳向北舉起，即「黃龍獻角」。

左足向北飛起屈膝，依勢將身從左向南連臂坐地，右足伸南，雙手撳地即「地箭趺步」。

將身轉西臥地，依勢右足從東向西鉤去，左足向上踢出，將仍側轉東方臥地，左足從西向東鉤去，右足向上踢出放下，將身拗起作坐勢，即「鴛鴦腿」。

左拳依頭部舉起，放下靠腰，右手著地一搭，即「挖金磚」。

右手向南托起，右足收攏，左足提起作平馬，同時左手依臂伸出，握住拉攏，右拳向南打出，即「伏虎撩陰」。

將身轉北作左箭馬，左手從右向北略去，右手向北打出，即「照鏡穿心」。

右足著地掃轉北方作夾馬，雙手依勢從左向北掠出，即「半掃堂」。

右足從前向南跳出，左足趕先跳出一步作左箭馬，左拳從右向南掠去，右拳向南打出，左拳依臂打出，右拳稍收，仍向南打出，即「童子擊鼓」。

左足向後退出一步作右箭馬，身仍向南，左拳打出，同時雙手向上望左右分開，右手握拳抵住左手掌心，四指向前，屈肘，即「先鋒敬帥」，俗稱「行禮」。

雙手自下向東西分開，右足收攏立正，兩手放下收勢。

甲、龍拳教學法

（一）雙和合（即將軍捧印）

向南立正，左手依腰，右拳伸左，放下依腰，左拳伸右，收腰。

（二）老龍潑水

右足伸前，右手掠右，左足伸前，左手掠左，右足向面踏出，右手打南。

（三）鐵臂打鐘

右肘鑿東，右足踏東，右拳向東甩出，左手插出。

（四）烏風掃地

左足著地向東，掃轉南方，收攏立正，右拳舉上。

（五）金鐘偷酒

左足向南踏出，左手伸南握住，雙拳交叉向北舉上。

（六）地箭跌步

左足飛北，依勢將身從左向南坐地，右足伸南，雙手揿地。

（七）鴛鴦腿

(1)將身向西側轉，臥地，右足向西鉤去，左足向上踢出。

(2)將身轉東，臥地，左足鉤東，右足向上踢出，將身拗起。

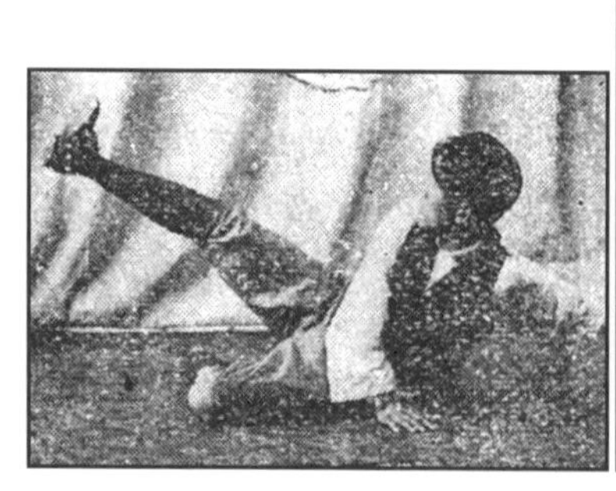

（八）伏虎撩陰

左手舉上，右掌搭地，伸南握住，作平馬，右拳向南打出。

（九）照鏡穿心

將身轉北，左手掠去，右手指尖，向北插出。

（十）半掃堂

右足掃北，雙手從左掠右。

（十一）童子擊鼓

雙足跳南，左拳舉上，右先，左後，連打三拳。

（十二）先鋒敬帥

左足退後，左拳打南，雙手分開，右拳抵住左掌，立正。

乙、黃龍拳摘要

此係黃拳，打法頗多。茲不過摘其最要者錄之。

（一）鐘金偷酒

如左敵近身，進取方法：先將左足伸出，暗用左手握住其睪丸，右手向左手撳下，使敵陰必受重傷。

（二）左跌步（即地箭）

若敵力大，不能抵擋，對待方法：將臀坐地，用右足底打其膝，或左足鉤其足跟，仍用足底打其膝。

（三）鴛鴦腿

若敵自下打來，對待方法：將身臥地，於是右足鉤去其手，用左足踢其心，或左足鉤去其手，用右足向上踢其陰。

止血息傷丹（即跌打末藥　紹興湯鵬超祖傳驗方）

生白附子十二兩，生南星一兩，白芷一兩，羌活一兩，天麻一兩，青防風一兩，焙乾共研細粉。

每服五分，老小減半，用陳酒沖服，服後忌風，宜蓋被睡眠二小時。破口傷，用粉調敷。久傷腐爛，用開水洗清敷上則可。

此方無論刀傷、跌打傷；久傷、新傷，服後立刻見效，多則二服，至多三服，就寢前服之為宜。每服隔一天，藥味分量，切勿加減，唯瘡破腐爛不宜。

中華民國二十二年十一月出版

第二、外功大洪拳（每冊實價大洋四角）（外埠酌加郵匯費）

編輯者　湯吉人

校訂者　李影塵　鄭兆麟

發行者　杭州市第一國術教練所（祖廟巷九號）

攝影者　眞光照相館（杭州新民路）

上海總售處　開明書店（上海福州路）

杭州分售處　開文書店（杭州新民路）

代售處　各大書局

印刷者　浙江印刷公司（杭州青年路）

歡迎至本公司購買書籍

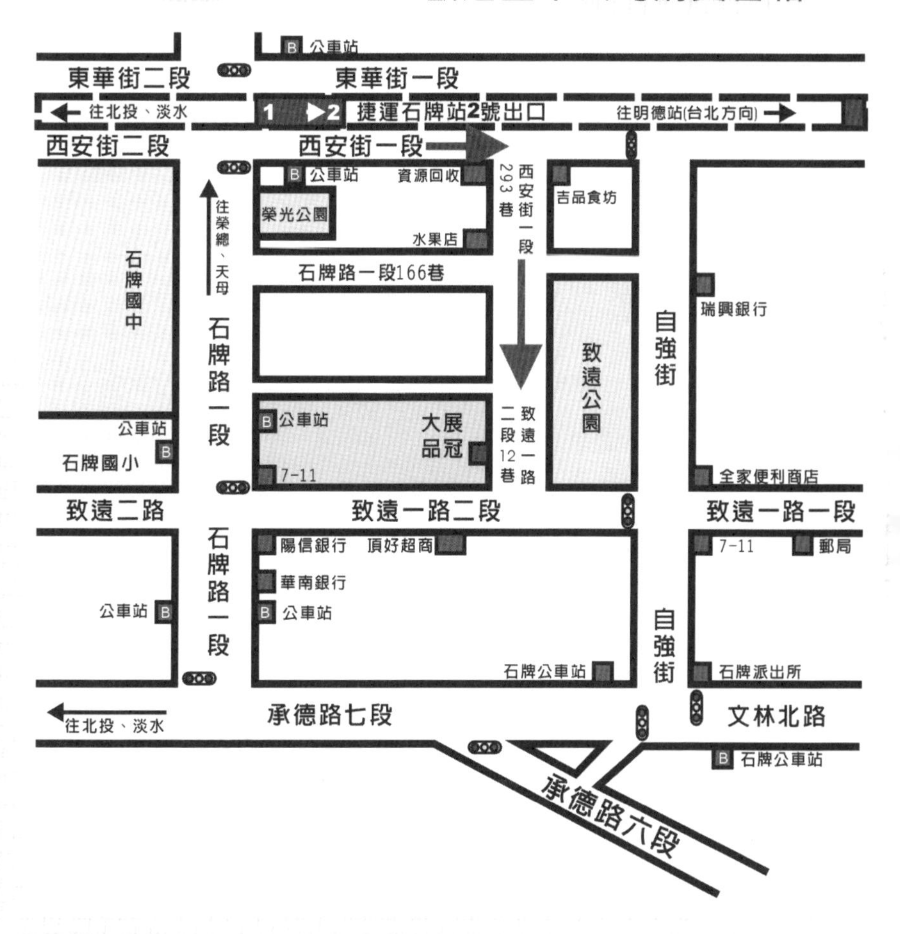

建議路線

1.搭乘捷運・公車

淡水線石牌站下車，由石牌捷運站２號出口出站(出站後靠右邊)，沿著捷運高架往台北方向走(往明德站方向)，其街名為西安街，約走100公尺(勿超過紅綠燈)，由西安街一段293巷進來(巷口有一公車站牌，站名為自強街口)，本公司位於致遠公園對面。搭公車者請於石牌站(石牌派出所)下車，走進自強街，遇致遠路口左轉，右手邊第一條巷子即為本社位置。

2.自行開車或騎車

由承德路接石牌路，看到陽信銀行右轉，此條即為致遠一路二段，在遇到自強街(紅綠燈)前的巷子(致遠公園)左轉，即可看到本公司招牌。

國家圖書館出版品預行編目資料

湯氏拳術／湯吉人　著
——初版——臺北市，大展，2017[民106.05]
面；21公分——（老拳譜新編；31）
ISBN 978-986-346-161-6（平裝）
1.拳術 2.中國
528.972　　106003252

湯氏拳術

著　　者／湯　吉　人
責任編輯／王　躍　平
發 行 人／蔡　森　明
出 版 者／大展出版社有限公司
社　　址／台北市北投區（石牌）致遠一路2段12巷1號
電　　話／(02) 28236031・28236033・28233123
傳　　真／(02) 28272069
郵政劃撥／01669551
網　　址／www.dah-jaan.com.tw
E-mail／service@dah-jaan.com.tw
登 記 證／局版臺業字第2171號
承 印 者／傳興印刷有限公司
裝　　訂／眾友企業公司
排 版 者／千兵企業有限公司
授 權 者／山西科學技術出版社
初版1刷／2017年（民106）5月

定　價／220元

大展好書　好書大展

品嘗好書　冠群可期